ZEIT ✤ MAGAZIN
WOCHENMARKT

24
Genuss
Momente

EIN BUCH DER
EDITION MICHAEL FISCHER

INHALT

ADVENTSKALENDER

Psst … Hier können Sie sich auf leckere Rezepte
freuen, die aber noch nicht verraten werden!

VORWORT

Wenn der Advent doch nur einmal so wäre, wie er uns in den alten Filmen immer gezeigt wird: Draußen liegt (schneeweißer) Schnee, das Feuer knistert im Kamin und in der Küche steht lachend die ganze Familie und backt in trauter Einigkeit Kekse. Vielleicht schnurrt irgendwo noch eine brave Katze und putzt sich die sauberen Pfötchen. Wenn die Adventszeit bei Ihnen so aussieht, dann herzlichen Glückwunsch – Sie haben alles richtig gemacht. Bei mir geht es leider eher so hektisch zu wie am Anfang von „Kevin – Allein zu Haus". Rezepte wollen geschrieben und fotografiert werden. Es gilt, Geschenke zu besorgen, Termine einzuhalten und Weihnachtsfeiern zu besuchen. Und dann gibt es da noch die Verabredungen zum Keksebacken und für den Weihnachtsmarkt. Aber das ist noch nicht alles. Über allem schweben die ewigen weihnachtlichen Küchenfragen: Was soll ich kochen? An den Feiertagen, aber auch in den ganz normal-unnormalen Wochen davor. Was ist wirklich köstlich? Was ist „mal was anderes"? Was ist schnell gemacht? Jedes Jahr ist mein größter Weihnachtswunsch, dass mir jemand all diese Arbeit abnimmt. Oder zumindest, dass ich es einmal schaffe, lange vor Dezember alle Geschenke zu kaufen und Weihnachtspostkarten zu schreiben. Bislang blieb er allerdings unerfüllt.

Als man mir vorgeschlagen hat, meine bei ZEIT ONLINE veröffent-lichten Kolumnen als Adventskochbuch zu veröffentlichen, war mir sofort klar, dass ich wenigstens Ihnen, meinen Leserinnen und Lesern, einen guten Teil des Adventsstresses abnehmen möchte. Darum haben meine Lektorin und ich die Rezepte nach diesen Kriterien durchforstet: Winter-lich sollen sie sein, aber vor allem einfach in der Zubereitung. Sie sollen Sie für den hastigen Adventsalltag inspirieren, aber auch für ein oder mehrere Festmähler an den Feiertagen. Und dann gibt es noch eine weitere Kategorie, bei der ich mir sicher bin, dass sie Ihr Leben bereichern und erleichtern wird: Meine Rezepte für selbst gemachte Weihnachts-geschenke aus der eigenen Küche. Seit Jahren beschenke ich meine Freunde mit diesen handgemachten Köstlichkeiten. Die Freude ist jedes Mal riesengroß – das bekommt kein Weihnachtself am Nordpol hin.

Ganz besonders freue ich mich darüber, dass mein allererstes Rezept für ZEIT ONLINE mit dabei ist – es sind schlicht und einfach die besten Weihnachtskekse der Welt. Die Inspiration dafür kam vor über 30 Jahren von der Mutter meines ersten Freundes, Frau Leifheit. Auch als ihr Sohn und ich längst nicht mehr zusammen waren, blieb ich mit Mama Leifheit weiterhin in Kontakt: Jedes Jahr zu Weihnachten buk ich eine Variante ihrer Kekse, verpackte sie in schöne Beutel und nahm sie mit zu einem Adventsbesuch bei ihr. Dann knabberte ich ihre Kekse und sie knusperte meine in trauter Einigkeit. Über alle Jahre haben uns die Kekse verbunden. Und darum lautet so auch die Überschrift dieser klei-nen Weihnachtsgeschichte, die ich 2017 in der ZEIT veröffentlichte: „Über alle Jahre".

Seit damals erscheinen meine Rezepte regelmäßig bei ZEIT ONLINE. Meist sind es ganze Rezeptserien im „Wochenmarkt". Regelmäßig habe ich mich dafür mehrfach um die Welt gekocht, denn das Reisen ist meine zweite Leidenschaft. Über 18 Jahre lang reiste ich in unterschiedlichen Positionen mehrfach um die ganze Welt und habe von dort nicht nur Geschichten, Fotos und Videos mitgebracht, sondern auch jede Menge Rezepte. Essen ist neben des schönsten Reisegrundes auch die eine Sprache, die jede*r versteht.

Ich hatte auf meinen Reisen oft das Privileg, von Menschen in ihr Zuhause zum Essen eingeladen zu werden. Über die gemeinsame Mahlzeit konnten wir uns immer verständigen – auch wenn wir nur wenige Worte an den fremden Küchentischen wechseln konnten.

Und darum gibt es auch in diesem Kochbuch ein paar Gerichte aus fremden Ländern. Jedes davon soll Sie wärmen und Ihnen Lust auf die nächste Reise machen. Schon die Vorfreude darauf kann eine Wohltat sein in der manchmal nicht so besinnlichen Adventszeit.

Machen Sie es sich gemütlich und „Bon Appetrip",

Ihre

Angelika Schwaff

ÜBER DIE AUTORIN

Angelika Schwaff ist Rezeptentwicklerin und Videoproduzentin. Bei ZEIT ONLINE veröffentlicht sie regelmäßig ihre Rezept-Kolumne für das Food-Ressort ZEITmagazin Wochenmarkt. Über zehn Jahre reiste sie um die Welt und brachte von dort auch kulinarische Eindrücke mit. Sie hat Journalistik studiert, als Dokumentarfilmerin gearbeitet und war bis 2012 Pressesprecherin bei zwei Fluggesellschaften. Noch immer nimmt sie für gutes Essen jeden Weg in Kauf.

MEHR INSPIRATION VOM

ZEIT ✦ MAGAZIN
WOCHENMARKT

ZEITmagazin Wochenmarkt steht für Genuss auf höchstem Niveau.

Die Wochenmarkt-Kolumne von Elisabeth Raether im ZEITmagazin genießt Kultstatus. Mehr Genussthemen und raffinierte Rezepte finden Leser*innen darüber hinaus gebündelt und gebunden im Magazin- und Buchform.

GESCHENKANHÄNGER

From Santa with love! Diese persönlichen Geschenkanhänger lassen sich individuell mit Schriften, Aquarellen und Mustern verschönern. So zeigen Sie ihren Lieblingsmenschen, wie gern Sie sie haben.

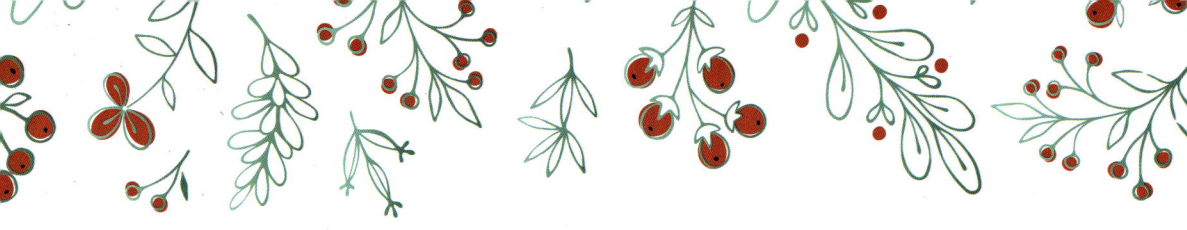

MATERIAL

Aquarellpapier

Aquarellfarben

Aquarellpinsel (Größe 4)

Bleistift (Härtegrad HB)

Radiergummi

Fasermaler in Schwarz

Brushpen in Grau

Lineal

2 Wasserbehälter

Papiertuch

Cutter/Schere

Ösenstanzer

Ösen

Garn

SO GEHT'S

1 Für die Anhängerform können die Vorlagen (unten) verwendet werden. Evtl. müssen sie in der Größe angepasst werden.

2 Die Vorlagen auf ein Aquarellpapier übertragen. Dabei muss beachtet werden, dass ein Geschenkanhänger aus jeweils zwei Teilen besteht.

3 Auf die größere der beiden Formen dem Anlass entsprechende Motive wie Tannenzweige oder Zuckerstangen skizzieren und anschließend mit Farben aquarellieren.

4 Danach wird auf der kleineren der beiden Formen ein Name, Wunsch oder Gruß gelettert. Wenn die Wörter trocken sind, kann man noch mit einem Brushpen einen Schatten auf die rechte oder linke Seite der Buchstaben setzen, um dem Lettering einen 3-D-Effekt zu verpassen.

5 Als Nächstes werden beide Formen aufeinander gelegt, mit einem Ösenstanzer gelocht und eine Öse in den Geschenkanhänger geklopft.

6 Um sie am Geschenk befestigen zu können, wird einfach ein Stück Garn oder Schleifenband am Anhänger befestigt und festgebunden.

GRUSSFALTBÄUMCHEN

Die kleinen Bäumchen sind nicht nur tolle Geschenkanhänger, sondern machen sich auch gut als Weihnachtsbaumschmuck.

MATERIAL

*weißes Papier
   (ca. 80 g/m²; nach
   Belieben geprägtes
   oder gemustertes
   verwenden)*

Zirkel

Schere

Lochzange

Nieten

Nietenzange

SO GEHT 'S

1   Für das erste Bäumchen auf einem Blatt Papier mit dem Zirkel einen Halbkreis
     ausmessen. Diesen mit der Schere ausschneiden.

2   Den Halbkreis zu einem Bäumchen falten, siehe Abbildungen unten.

3   Mit der Lochzange oben mittig – je nach Größe der gewünschten Niete –
     ein Loch stanzen. Die Niete in das Loch setzen; die breite Seite nach vorn
     legen. Mit der Nietenzange befestigen.

4   Nach Wunsch auf die gleiche Weise weitere Bäumchen anfertigen.

REZEPTE

Oh, là, là ... Hinter diesem Türchen steckt ein bisschen Frankreich. Aber nur „un petit peu". Aus einem wahren Winterklassiker der französischen Küche habe ich eine vegetarische Variante gemacht, die dem Original in nichts nachsteht. Denn die Zutaten für dieses Rezept bringen nicht nur noch mehr Geschmack mit, sondern werden auch in einem Topf gekocht. Und machen so herrlich wenig Arbeit.

KÜRBIS AU VIN

FÜR 2 PERSONEN

200 g Pilze

2 EL Olivenöl

Salz

2 Knoblauchzehen

180 g Perlzwiebeln
(alternativ Schalotten)

200 g Kartoffeln
(jung, klein)

350 g Kürbis (z. B. Hokka-
ido oder Butternuss)

1 TL Zucker

3 Zweige Thymian

175 ml Rotwein

ca. 300–400 ml Gemüse-
brühe (alternativ
Gemüsefond)

Pfeffer

1 EL Mehl

2 TL weiche Butter

glatte Petersilie

1 Zunächst die Pilze putzen, kleine Pilze ganz lassen, große halbieren oder vierteln. 1 EL Olivenöl in einem großen schweren Topf auf mittlerer Flamme erhitzen und darin die Pilze 7–9 Minuten anbraten, bis sie knusprig braun sind. Ab und an umrühren, kräftig salzen und beiseitestellen.

2 Knoblauch schälen und grob durchhacken. Bei den Perlzwiebeln nur die Wurzeln abschneiden und die Schale entfernen. So bleibt die Spitze erhalten und die Perlzwiebel ganz. Schalotten schälen und an der Sollbruchstelle trennen. 1 Spritzer Olivenöl in den Topf geben und den Knoblauch darin für 1 Minute unter Rühren anschwitzen. Sobald er anfängt, braun zu werden, aus dem Topf holen und beiseitestellen.

3 Nun die Zwiebeln in den Topf geben und auf kleiner bis mittlerer Flamme 7–9 Minuten braten, bis sie leicht durchsichtig und braun sind. Zwischendurch immer wieder umrühren und das restliche Gemüse putzen. Wer junge Frühlingskartoffeln hat, schrubbt sie gründlich unter Wasser, ältere Kartoffeln schälen. Die Kartoffeln in mundgerechte Stücke schneiden. Den Kürbis waschen, gegebenenfalls schälen und entkernen, dann das Kürbisfleisch in mundgerechte Stücke schneiden.

4 Wenn die Zwiebeln eine schöne Farbe haben, 1 TL Zucker über sie streuen, kräftig durchrühren und auf kleiner Flamme karamellisieren lassen. Dann die Zwiebeln aus dem Topf nehmen und beiseitestellen. Nun Kartoffeln und Kürbis in den Topf geben. Unter Rühren alles anschwitzen, bis das Gemüse leichte Röstaromen bildet. Jetzt den Knoblauch und den Thymian dazugeben und mit dem Wein und der Brühe ablöschen. Das Gemüse sollte mit der Flüssigkeit bedeckt sein. Umrühren, salzen und pfeffern. Zum Simmern bringen und abgedeckt auf kleiner Flamme 30 Minuten köcheln lassen. Danach die Thymianzweige aus dem Topf entfernen.

5 Mehl und weiche Butter vermengen, in den Topf geben und einrühren. Die Sauce dickt jetzt an. Nun die Zwiebeln und die Pilze dazugeben und vorsichtig unterheben. Mit Petersilie und Baguette servieren. Bon Appetit!

Sauer macht lustig, das wissen wir alle. Lachen werden nicht nur die, denen man dieses Geschenk aus der Küche überreicht, sondern auch die, die es zubereitet haben. Denn obwohl dieses Fläschchen eine Menge hermacht und mit seiner strahlenden Farbe auffällt, besteht die Zutatenliste nur aus drei Punkten.

LIMONCELLO
Likörchen zum Verschenken

FÜR CA. 2 LITER

10 Bio-Zitronen

1 l reiner Alkohol (90 %)

800 g Zucker

1 Ein großes und wiederverschließbares Gefäß mit Deckel auskochen.

2 Die Zitronen gründlich heiß waschen und abtrocknen. Mit einem Sparschäler die Zitronenschale abschälen, möglichst dünn und ohne den weißen Teil des Fleisches. Dieser Teil sorgt für den bitteren Geschmack der Zitrone. Die Zitronenschalen in das sterilisierte Gefäß geben und mit dem Alkohol auffüllen. Das Glas verschließen und mindestens 1 Woche und bis zu 4 Wochen an einem dunklen Ort ziehen lassen.

3 Die restlichen Zitronen kann man pressen und deren Saft für Kuchen oder Limonaden verwenden. Der frisch gepresste Saft hält sich in einem sauberen und verschlossenen Behälter aber auch mindestens 1 Woche im Kühlschrank.

4 Nach der Wartezeit folgt die Limoncello-Herstellung. 1 l Wasser wird in einem großen Topf zum Kochen gebracht. Dann den Zucker dazugeben und alles einkochen lassen, bis ein dicklicher Sirup entsteht. Diesen nun mit dem Limoncello-Alkohol mischen und noch einmal für 1 Woche stehen lassen. Den Limoncello durch ein Sieb geben, um die Zitronenschalen zu entfernen. Danach ist er fertig und kann genossen werden.

Jetzt wo die Tage kürzer und die To-do-Listen länger werden, braucht man einfache, aber wohlige Gerichte, die einem Wärme und Ruhe geben. Das macht dieses Rezept in (mehreren) Handumdrehungen. Das ist nämlich die Hauptbewegung, die es für die besondere Cremigkeit benötigt. Den Rest machen Pilze und Mascarpone.

PILZRISOTTO
mit Mascarpone

FÜR 2 PERSONEN

250 g gemischte Pilze

1 Schalotte

1 Bund Salbei

800 ml Gemüsebrühe

Salz

Pfeffer

2 TL Butter

2 EL Olivenöl

180 g Risottoreis

150 ml trockener
Weißwein

30 g Parmesan

100 g Mascarpone

1   Die Pilze putzen und gegebenenfalls zerkleinern. Die Schalotte schälen und fein hacken. Die Salbeiblätter waschen, trocken tupfen und von den Stängeln zupfen. Die Gemüsebrühe in einem Topf zum Köcheln bringen.

2   Eine große, schwere Pfanne auf mittlerer Temperatur erhitzen und die Butter hinzugeben. Darin die Pilze mit Salz und Pfeffer anbraten. Sobald sie an einigen Stellen geröstet sind, aus der Pfanne nehmen und beiseitestellen. Die Hitze erhöhen, 1 EL Olivenöl erhitzen und die Salbeiblätter kurz im heißen Fett frittieren. Auf ein Küchentuch legen und abtropfen lassen.

3   Nun 1 weiterer EL Olivenöl in die Pfanne geben und die Schalotten für 2 Minuten anschwitzen. Danach den Reis dazugeben. So lange rühren, bis die Körner glasig werden. Anschließend alles mit dem Weißwein ablöschen und verrühren. Nun Kelle für Kelle mit der Brühe auffüllen, immer dann, wenn die Flüssigkeit in der Pfanne fast verdampft ist. Regelmäßig umrühren. In der Zwischenzeit den Parmesan reiben.

4   Kurz vor Ende der Garzeit, wenn der Reis noch etwas Biss hat, Mascarpone und zwei Drittel des Parmesans einrühren. Mit Salz und Pfeffer abschmecken. Schließlich die Pilze unterrühren und den Risotto in tiefen Tellern servieren. Mit frittiertem Salbei und dem restlichen Parmesan garnieren.

Das heutige Gemüse hat nun seine beste Zeit.
Als Kind aber war ich kein großer Fan. Hätte
es aber dieses Gericht schon damals gegeben
und hätte man mir dieses Gemüse wie in dem
Rezept zubereitet, dann wäre ich begeistert
gewesen. Hinter dem Türchen verbirgt sich
ein cremig-herzhaftes Mittagessen oder eine
Beilage zu einem deftigen Winterschmaus.

CREMIGER SCHWARZKOHL
mit Panko-Pinienkernen

FÜR 4 PERSONEN

20 g *Pinienkerne*

Salz

400 g *Schwarzkohl
(Schwarzkohlblätter,
das sind etwa 2 große
Bund Schwarzkohl)*

2 *Knoblauchzehen*

2 *Schalotten*

100 g *Gruyère*

2 TL *Koriandersamen*

1 EL *Butter*

300 ml *Sahne*

Pfeffer

Muskatnuss

20 g *Panko (Brösel)*

1 Die Pinienkerne in einer Pfanne unter Rühren rösten, bis sie goldbraune Stellen haben. Die Pinienkerne sofort aus der Pfanne in eine Schale geben und beiseitestellen. Parallel in einem Topf Salzwasser zum Kochen bringen.

2 Nun die Kohlblätter vom Strunk befreien, gründlich waschen und hacken. Die Blätter werden in 2 Portionen im kochenden Wasser für jeweils 4 Minuten blanchiert und anschließend in einer Schale mit eiskaltem Wasser abgeschreckt.

3 Den Ofen auf 200 °C (Ober-/Unterhitze) vorheizen. Knoblauch und Schalotten schälen und fein schneiden. Den Käse reiben. Die Koriandersamen in einem Mörser zerstoßen. Sie tragen nur wenig zum Geschmack bei, machen den Kohl aber verdaulicher.

4 Die Schalotten in einer ofenfesten Pfanne auf kleiner Flamme in Butter anschwitzen, bis sie glasig sind. Dann für 30 Sekunden den Knoblauch und die Koriandersamen hinzugeben und kurz anrösten. Die Sahne in die Pfanne geben und zum Köcheln bringen. In der Zwischenzeit den Kohl in einem Sieb abgießen und ihn kräftig ausdrücken.

5 Den Käse in die Sahne geben und unterrühren. Mit Salz, Pfeffer und einer kräftigen Prise frisch geriebener Muskatnuss abschmecken. Den Kohl in die Sahne geben, gut unterrühren und vom Herd nehmen. Schließlich die Pankobrösel auf der Masse verteilen und alles etwa 15 Minuten im Ofen backen, bis die Brösel eine leicht goldene Farbe haben und der Auflauf blubbert.

6 Vorsichtig aus dem Ofen nehmen, mit den gerösteten Pinienkernen bestreuen und servieren.

Die Briten wissen, was gut zu Käse schmeckt. Aber auch zu Roastbeef ist die Köstlichkeit hinter diesem Türchen ein echter Gewinn. Das Geheimnis ist eine Kombination aus Zeit, Früchten und Gewürzen, aus denen eine echte Delikatesse entsteht. Wer schlau ist, macht gleich mehr davon – für sich und um seine Liebsten zu beschenken.

WINTERLICHES APFELCHUTNEY

**FÜR CA. 3–4 GLÄSER
(700–800 G CHUTNEY)**

*900 g Äpfel (nach
Vorliebe, in der Regel
leicht säuerlich)*

*1 Stück Ingwer
(daumengroß)*

1 mittelgroße Zwiebel

55 g Datteln

50 g getrocknete Feigen

2 Bio-Orangen

1 Bio-Limette

300 g brauner Zucker

350 ml Apfelessig

15 g Salz

1 Sternanis

1 EL gemahlener Zimt

1 EL gemahlener Koriander

*1 EL Paprikapulver
(je nach Vorliebe edel-
süß oder rosenscharf)*

*etwas Chili (Flocken oder
Pulver)*

1 Die Äpfel schälen, vierteln, entkernen und in kleine Würfel schneiden. Ingwer schälen und fein reiben. Die Zwiebel schälen und fein würfen. Die Datteln und Feigen in kleine Stückchen schneiden. Die Zitrusfrüchte heiß waschen, dann deren Schale abreiben und deren Saft pressen. Alles in einen großen Topf geben.

2 Nun auch den Zucker, den Essig, das Salz und die Gewürze in den Topf geben und auf den Herd stellen. Alles gut miteinander verrühren und zum Kochen bringen.

3 Die Temperatur herunterdrehen und auf niedriger Hitze ohne Deckel einkochen lassen. Ab und zu umrühren. Es dauert ca. 1 Stunde, bis aus den Zutaten eine homogene Masse geworden ist.

4 Währenddessen Marmeladengläser auskochen und bei 100 °C im heißen Ofen trocknen lassen. Das heiße Chutney in die noch warmen Gläser füllen und verschließen. Wer sich extra Mühe machen möchte, kann die Gläser anschließend noch einkochen, aber dieser Schritt muss nicht sein. Einmal geöffnet, wird das Chutney sowieso bald aufgegessen sein.

Süß und herzhaft ist eine magische Kombination,
wenn auch noch saftig und knusprig zusammen-
kommen, ist das Traumpaar perfekt.
Dieses herzhaft-liebliche Rezept macht sich fast
von allein im Ofen und führt dank ein paar
einfachen Tricks zu wahren Geschmacksexplo-
sionen. Zudem ist es ein echter Hingucker und
ideal, um Freunde zu bewirten.

6

GERÖSTETES HUHN
mit Weintrauben und Honigbutter

FÜR 2 PERSONEN

6 Schalotten

4 Knoblauchzehen

300 g rote Weintrauben (kernlos)

1 TL Paprikapulver

1 TL gemahlener Zimt

Salz

4 Hähnchenschenkel

2 EL Olivenöl

4 TL Aceto balsamico

25 g Butter

2 TL Honig

1 Zweig Rosmarin

50 g Granatapfelkerne

1 Den Backofen auf 220 °C (Ober-/Unterhitze) vorheizen. Die Schalotten und den Knoblauch schälen. Beide einmal der Länge nach durchschneiden. Die Weintrauben waschen und auf einem Küchentuch abtropfen lassen. Paprikapulver mit Zimt und 1 kräftigen Prise Salz mischen und damit das Fleisch rundherum einreiben.

2 In einer großen ofenfesten Pfanne das Olivenöl auf mittlerer Hitze erhitzen. Das Fleisch mit der Haut nach unten in die Pfanne geben. Die Schalotten dazugeben. Das Huhn ungestört 5 Minuten braten lassen, bis die Haut knusprig ist. Ab und an die Schalotten wenden, sonst verbrennen sie und werden bitter. Dann den Knoblauch in die Pfanne geben, das Huhn noch 1 weitere Minute braten. Kontrollieren, ob sich die Haut ohne Mühe vom Pfannenboden löst. Ist das der Fall, das Huhn einmal wenden. Löst sich die Haut noch nicht, noch etwas weiter rösten lassen.

3 Den Balsamico über die Schalotten träufeln und die Trauben zwischen dem Huhn verteilen. Salzen und alles im heißen Ofen (Mitte) ca. 20 Minuten garen. Die Kerntemperatur des Huhns sollte zwischen 75 und 80 °C liegen.

4 Kurz vor Ende der Garzeit die Butter schmelzen. Sobald sie anfängt zu schäumen, Honig sowie 1 Prise Salz in die Butter einrühren und in eine kleine, hitzebeständige Form umfüllen, um den Kochvorgang zu unterbrechen und den Honig nicht zu verbrennen. Die Rosmarinnadeln zupfen und grob durchhacken.

5 Das Huhn aus dem Ofen nehmen, die Grillfunktion des Ofens zuschalten. Die Pfanne noch einmal auf den Herd stellen und dort bei hoher Temperatur die auf dem Pfannenboden gesammelten Säfte einkochen lassen. Die Butter über das heiße Fleisch tröpfeln und die Pfanne anschließend für 2 Minuten in den Ofen (oben) unter den Grill stellen – dabei nicht aus den Augen lassen, die Haut soll richtig knusprig werden. Anschließend aus dem Ofen nehmen, mit dem Rosmarin und den Granatapfelkernen bestreuen und servieren.

GUT ZU WISSEN

Dazu passt zum Beispiel Süß-
kartoffelbrei. Dafür Süßkartoffeln
schälen, in Stücke schneiden und
(während der Ofenzeit des Huhns)
auf dem Herd in leicht gesalzenem
Wasser gar kochen. Dann mit Zugabe
von 1 EL Butter stampfen und mit
Salz und Pfeffer, 1 Prise Zimt
und Ingwerpulver
abschmecken.

Eine wahre Weihnachtsgeschichte verbirgt sich hinter dieser Tür. Dieses Rezept stammt aus meiner Jugend, von der Mutter meines ersten Freundes. Über all die Jahre hält uns dieses Rezept, auch nach meiner Trennung von ihrem Sohn vor über 35 Jahren, noch zusammen. Denn seitdem backe ich es. Ich verrate sonst nur so viel: Für mich und viele meiner Freunde sind dies die besten Weihnachtskekse der Welt ...

MAMA LEIFHEITS WEIHNACHTSKEKSE

FÜR CA. 40 STÜCK

FÜR DEN TEIG

100 g Zucker

1 Pck. Vanillezucker

125 g Butter

1 Ei (Größe M)

250 g Mehl

1 Msp. Backpulver

1 Prise Salz

FÜR DEN BELAG

500 g Marzipan-Rohmasse

100 g Aprikosenkonfitüre
   (oder jede andere
   Konfitüre, die
   Ihnen schmeckt)

250 g Schokolade
   (Kuvertüre oder andere
   Schokolade, die sich
   leicht schmelzen lässt)

50 g gehackte Pistazien-
   kerne

1   Zucker, Vanillezucker und Butter mit dem Ei schaumig rühren, Mehl mit Backpulver und Salz mischen und hinzufügen. Alle Zutaten mit einem Handrührgerät zu einem glatten Teig verkneten und anschließend 30 Minuten im Kühlschrank ruhen lassen.

2   Den Backofen auf 175 °C (Ober-/Unterhitze) vorheizen. Den Teig auf einer bemehlten Arbeitsfläche ausrollen, mit Formen Herzen ausstechen und auf ein mit Backpapier belegtes Backblech setzen. Die Plätzchen im heißen Ofen (Mitte) 12–15 Minuten backen. Sie dürfen auf keinen Fall zu braun oder gar knusprig sein. Also lieber ein wenig früher aus dem Ofen holen.

3   In der Zwischenzeit das Marzipan ausrollen und mit den gleichen Formen ebenfalls Herzen ausstechen. Die noch warmen, aber nicht mehr heißen Kekse dünn mit der Konfitüre bestreichen. Nun die Marzipanherzen vorsichtig auflegen und leicht andrücken. Die Schokolade schmelzen und über die Kekse geben, und zwar gern so, dass die Seiten der Kekse etwas bedeckt sind. Das macht man am besten etappenweise, denn noch bevor die Schokolade wieder hart wird, streut man ein paar Pistazienstücke auf jeden Keks und drückt diese leicht ein, damit sie auch wirklich an der Schokolade haften.

Ein Geschenk aus der Küche lockt bei vielen ein paar Tränchen hervor. In diesem Falle sogar gleich doppelt. Die Beschenkten werden vielleicht gerührt sein, wenn sie das Glas in der Hand halten. Die Schenkenden werden schon bei der Zubereitung feuchte Augen bekommen. Denn bei diesem Rezept bleibt wirklich kein Auge trocken.

PORTWEINZWIEBELN

FÜR 2–3 GLÄSER

800 g rote Zwiebeln

1 EL Olivenöl

2 Knoblauchzehen

60 g brauner Zucker

520 ml Portwein

je 3 Zweige Rosmarin und Thymian

60 ml Aceto balsamico

Salz

Pfeffer

1 Zwiebeln schälen, halbieren und in Scheiben schneiden. In einem Topf Olivenöl erhitzen und darin die Zwiebeln etwa 15 Minuten bei mittlerer Hitze anschwitzen, dabei regelmäßig umrühren. Den Knoblauch schälen, in Streifen schneiden und zu den Zwiebeln geben. Den Zucker dazugeben, 5 Minuten auf kleiner Flamme köcheln lassen, regelmäßig umrühren.

2 Nun den Portwein, Rosmarin und Thymian hinzufügen, die Hitze erhöhen, bis alles leicht köchelt. Simmern lassen, bis die Flüssigkeit verdampft ist, dabei gelegentlich umrühren. Dann den Balsamico-Essig dazugeben. Einköcheln, bis alles angedickt ist, dann die Kräuterzweige herausnehmen, mit Salz und Pfeffer abschmecken.

3 Portweinzwiebeln in sorgsam gereinigte, abgekochte Gläser füllen. So halten sie sich ungeöffnet bis zu 3 Monate im Kühlschrank. Geöffnet sollten sie innerhalb weniger Tage verbraucht werden.

Dieses Gericht gehört zu meinen absoluten
Favoriten der Weihnachtsküche. Ich serviere es
meinen Gästen als perfekte Beilage und alle staunen
über den einzigarten, nussigen Geschmack. Denn
in sich trägt dieses Rezept ein überraschendes, aber
sehr einfaches Geheimnis. Wer es kennt, wird es
öfter anwenden.

PASTINAKENPÜREE mit
brauner Butter und frittiertem Salbei

FÜR 4 PERSONEN

800 g Pastinaken

2 Knoblauchzehen

2 Schalotten

400 ml Vollmilch

400 ml Sahne

3 Lorbeerblätter

2 Zweige Thymian

100 g Butter

8 Blätter Salbei
(mindestens, mehr
nach Belieben)

Salz

Muskatnuss

1 Die Pastinaken schälen und klein würfeln. Den Knoblauch schälen und grob mit der flachen Seite eines Messers platt drücken, die Schalotten schälen und halbieren. Die Pastinaken mit der Milch, der Sahne, den Lorbeerblättern, dem Knoblauch, den Thymianzweigen und den Schalotten in einen großen Topf geben, einen Deckel auflegen und bis kurz vorm Sieden erhitzen, dann die Hitze herunterdrehen und etwa 15 Minuten bei sehr niedriger Hitze köcheln lassen, bis das Gemüse gar ist.

2 In der Zwischenzeit die braune Butter herstellen und den Salbei frittieren. Dazu zunächst die Hälfte der Butter in einer Pfanne schmelzen. Einen großen Teller mit Küchenpapier belegen und einen Schöpflöffel sowie eine hitzebeständige Schale bereitstellen. Sobald die Butter schäumt, die Temperatur reduzieren und rühren, bis die Butter goldgelb wird. Die Salbeiblätter schnell in das heiße Fett geben und etwa 1 Minute frittieren. Die Pfanne vom Herd nehmen. Die Salbeiblätter mit der Schöpfkelle aus dem Fett nehmen und auf das Küchenpapier geben, ohne dass sie überlappen. Sofort mit Salz bestreuen.

3 Die verbliebene Butter sollte goldbraun, aber nicht schwarz sein. Die braune Butter nun in die hitzebeständige Schale geben, die Pfanne erneut auf den Herd stellen und die restliche Butter schmelzen. Nach dem Aufschäumen erneut rühren, bis die Butter goldbraun ist. Dann zur anderen Butter geben.

4 Die Pastinaken nun in einem Sieb über einer Schüssel abgießen, Lorbeerblätter und Thymianzweige entfernen. Das Gemüse mithilfe eines Mixers und etwa 150 ml Milch-Sahne-Mischung pürieren. Gegebenenfalls mehr Flüssigkeit zugeben.

5 Abschließend mit 1–1 ½ TL Salz und etwas frisch geriebener Muskatnuss abschmecken. 70 ml der braunen Butter unterrühren. Das Püree in eine Schüssel füllen, ein paar Löffel der restlichen braunen Butter darübergeben und mit den Salbeiblättern belegen.

Ein großer Topf und ein paar Zutaten machen dieses Rezept zu einem meiner immer wieder gekochten Lieblinge während der kalten Tage. Das wenige Schnippeln lässt mich den Stress vergessen, während das Gericht köchelt, packe ich Geschenke ein. So einfach kann kochen im Advent sein. Und wie das duftet ...

10

CREMIGE BOHNENSUPPE
mit Kräuterpilzen

FÜR 2 PERSONEN

400 g Kartoffeln

1 Dose weiße Bohnen

1 Schalotte

2 Knoblauchzehen

2 Zweige Rosmarin

12 Blätter Salbei

120 g Champignons

2 EL Olivenöl

400 ml Brühe

1 Lorbeerblatt

Salz

Pfeffer

*1 EL Crème fraîche oder
Sahne (nach Belieben)*

1 Zunächst die Kartoffeln schälen und in kleine Stücke schneiden. Die Bohnen abseihen und gründlich mit Wasser abspülen. Die Schalotte und den Knoblauch schälen und in grobe Stücke schneiden. Die Rosmarinzweige und die Salbeiblätter unter heißem Wasser waschen. Die Pilze putzen, von eventuell harten Enden befreien und vierteln.

2 Einen schweren Topf auf dem Herd erhitzen und 1 EL Olivenöl hineingeben. Bei niedriger bis mittlerer Hitze zunächst die Pilze anschwitzen und unter Rühren braun werden lassen. Wenn sie eine schöne Farbe haben, die Nadeln eines Rosmarinzweiges und die Hälfte des Knoblauchs dazugeben und für 1 Minute mit anschwitzen. Aus dem Topf nehmen und beiseitestellen.

3 Nun erneut etwas Öl in den Topf geben. Die Schalotte anschwitzen, dann den weiteren Rosmarinzweig und den Salbei dazugeben. Für 2 Minuten anschwitzen, danach für ca. 30 Sekunden den restlichen Knoblauch hinzugeben. Die Bohnen und die Kartoffeln ebenfalls in den Topf geben. Mit Brühe und 200 ml Wasser auffüllen, sodass alles bedeckt ist. Das Lorbeerblatt hinzugeben, die Suppe zum Köcheln bringen. Den Deckel auflegen und 25 Minuten leise köcheln lassen, bis die Kartoffeln gar sind.

4 Nun das Lorbeerblatt und den Rosmarinzweig aus dem Topf angeln. Die Suppe in eine Küchenmaschine geben oder mit einem Stabmixer sehr fein pürieren. Mit Salz und Pfeffer abschmecken. Die Suppe ist eigentlich herrlich cremig, aber wer es noch cremiger mag, kann noch 1 EL Crème fraîche oder Sahne einrühren. Die Pilze auf die Suppe geben und servieren.

Psssst, hinter diesem Türchen stecken kleine
Bomben. Sie sind rund, nur was für Erwachsene
und haben es mächtig hinter den Ohren. Sprich:
Sie sind nicht für eine Diät geeignet. Aber wer
will in dieser Jahreszeit schon Kalorien zählen.
Schön verpackt sind die kleinen Bomben auch toll
zum Verschenken an Nachbarn oder Kollegen. Für
ihre Herstellung braucht man nur einen Kuchen
und eine weitere Zutat.

11

RUMKUGELN

FÜR CA. 30–40 STÜCK

FÜR DEN KUCHENTEIG

*250 g weiche Butter plus
mehr zum Einfetten*

100 g weißer Zucker

100 g brauner Zucker

1 TL Vanillepaste

3 Eier (Größe M)

200 g Schmand

200 g Mehl (Type 405)

3 TL Backpulver

Salz

6 EL Backkakao

*60 ml Rum (guter Rum
oder 1 Fläschchen
Rumaroma)*

100 g Schokoraspel

ZUM FERTIGSTELLEN

*30 g sehr weiche Butter
(evtl. etwas mehr)*

*½ Pck. Bourbon-Vanille-
zucker*

90 g Puderzucker

*1 EL Rum (guter Rum
oder Rumaroma)*

1 Pck. Schokostreusel

1 Den Ofen auf 180 °C (Ober-/Unterhitze) vorheizen. Eine Springform mit etwas Butter einfetten.

2 Mit einem Handrührgerät in einer großen Schüssel das Stück Butter mit dem Zucker und der Vanillepaste zu einer cremigen Paste verrühren. Die Eier aufschlagen, nach und nach dazugeben und verrühren. Schließlich auch den Schmand dazugeben und alles verrühren.

3 Nun die trockenen Zutaten mischen. Dazu in einer weiteren Schüssel das Mehl mit dem Backpulver, 1 Prise Salz und Kakaopulver verrühren und in die große Schüssel zur Buttercreme geben. Jetzt auch den Rum (oder Rumaroma) eingießen und alles verrühren. Die Schokoraspel mit einem Löffel unter den Teig heben und alles in die Springform gießen.

4 Den Teig im heißen Ofen (Mitte) 50–55 Minuten backen. Mit dem Holzstäbchentest prüfen, ob der Kuchen fertig ist. Dazu das Stäbchen in den Kuchen stecken – in diesem Fall sollte allerdings noch etwas Schokolade am Stäbchen kleben.

5 Anschließend den Kuchen komplett abkühlen lassen, also den Kuchen eventuell am Vortag zubereiten. Sobald der Kuchen vollständig abgekühlt ist, kann er zerkleinert werden. Am besten geht das mit einer Küchenmaschine mit einem guten Messer.

6 Die Kuchenbrösel in eine große Schüssel geben, die sehr weiche Butter, den Bourbon-Vanillezucker, den Puderzucker und den Rum (oder Rumaroma) dazugeben und alles vermengen. Die Masse sollte sich gut zu kleinen Kugeln formen lassen. Ist das nicht der Fall, kann man noch mehr von der weichen Butter hinzugeben. Sobald alle Kugeln geformt sind, werden sie noch in Schokostreuseln gewendet. Danach kalt stellen.

Ein Gericht mit Erdnüssen und Tomaten? Ein Eintopf aus Westafrika? Noch mehr werden Sie staunen, wenn Sie das Gericht hinter diesem Türchen nachkochen. Denn es ist cremig, reichhaltig, wärmend und so unglaublich lecker und einfach, dass Sie sich fragen werden, warum Sie es jetzt erst entdeckt haben.

12

MAFÉ – ERDNUSSEINTOPF

FÜR 2 PERSONEN

1 Zwiebel

1 Knoblauchzehe

1 Stück Ingwer (daumengroß)

1 große Süßkartoffel

1 Chilischote (je nach Schärfevorlieben kann sie auch weggelassen werden)

1 Würfel Gemüsebrühe

Pflanzenöl zum Braten

1 Dose geschälte Tomaten (400 g Füllgewicht)

1 TL gemahlener Kreuzkümmel

1 TL gemahlener Koriander

100 g Spinat oder Schwarzkohl

125 g ungesüßte Erdnusscreme

1 Zitrone

Salz

Pfeffer

1 Bund Koriandergrün

geröstete Erdnüsse

1 Die Zwiebel, den Knoblauch und den Ingwer schälen und fein hacken. Die Süßkartoffel schälen und in mundgerechte Stücke schneiden. Die Chilischote, am besten mit Einweghandschuhen, der Länge nach halbieren, die Kerne entfernen, das Fruchtfleisch fein hacken. Wie viel Sie davon nutzen, liegt an der eigenen Schärfetoleranz: am besten mit wenig anfangen, abschmecken, dann probieren, ob man eventuell nachlegen will. Den Gemüsebrühwürfel in 1 l Wasser auflösen.

2 Einen schweren Topf auf dem Herd erhitzen, 1 EL Öl darin heiß werden lassen. Die Zwiebel für 1 Minute anschwitzen, dann den Ingwer dazugeben, für weitere 2 Minuten anschwitzen. Anschließend für 30 Sekunden den Knoblauch und Chili hinzugeben. Unter Rühren anschwitzen. Jetzt auch die Süßkartoffel dazugeben, umrühren, die Tomaten, die Gewürze sowie einen ¾ Liter der Brühe hinzugeben. Die Tomaten mithilfe eines Löffels zerdrücken. Alles zum Kochen bringen und danach für 15–20 Minuten mit geschlossenem Deckel bei niedriger Hitze simmern lassen.

3 In der Zwischenzeit den Spinat oder Kohl waschen und von eventuell harten Stielen befreien.

4 Nach der Kochzeit mit einem Kartoffelstampfer etwa die Hälfte des simmernden Eintopfes leicht zerdrücken, damit er schön sämig wird. Jetzt den Herd ausstellen, die Erdnusscreme in den Topf geben und kräftig umrühren. Den Saft von ½ Zitrone und den Spinat in den Eintopf geben und durchrühren.

5 Mit Salz und Pfeffer und eventuell noch mehr Zitronensaft oder Chili abschmecken. Mit frischem Koriandergrün sowie ein paar gerösteten Erdnüssen bestreuen und servieren. Wer noch eine Beilage möchte: Dazu passt Fladenbrot oder Reis. Der Eintopf an sich ist aber bereits sehr sättigend.

Sie wollten schon immer mal auf einen echten Gewinner setzen? Auf die Nummer 1? Dann schauen Sie mal hinter dieses Türchen. Denn dort verbirgt sich ein Winterrezept, das nicht nur eine ideale Begleitung für ein winterliches Festmahl ist, sondern auch 2022 das beliebteste Rezept des Jahres wurde, bei uns im Wochenmarkt des ZEITmagazins.

13

KNUSPRIGER ROSENKOHL
in Limetten-Honig-Sauce

FÜR 4 PERSONEN

750 g Rosenkohl

40 ml Olivenöl

Salz (und Salzflocken)

Pfeffer

1 Bio-Limette

ca. 40 g Honig

*1–2 EL Hot Sauce (je
   nach Schärfevorliebe)*

1 TL Sesam

1   Den Ofen auf 220 °C (Ober-/Unterhitze) vorheizen.

2   Den Rosenkohl gründlich putzen, also den harten Boden abschneiden und die welken äußeren Blätter entfernen. Die Röschen halbieren und auf ein Backblech legen. Mit dem Olivenöl und einer großzügigen Portion Salz bestreuen, danach pfeffern. Alles gut miteinander vermengen, sodass der Rosenkohl rundherum mit dem Öl benetzt ist. So drehen, dass die halbierten Köpfe mit der Schnittseite nach unten liegen. Im Backofen rösten, bis der Rosenkohl knusprig braun ist. Das dauert etwa 20 Minuten.

3   In der Zwischenzeit die Limette heiß waschen, Zesten abziehen und den Saft auspressen. Den Saft mit dem Honig und der Hot Sauce verrühren. Mit Salz und Pfeffer abschmecken und gegebenenfalls das Verhältnis von süß und scharf anpassen, wie es Ihnen gefällt. Denn jede Hot Sauce schmeckt anders, jeder Honig hat einen individuell süßen Geschmack. Geben Sie also so viel Säure, Schärfe und Süße hinzu, bis das Verhältnis stimmt.

4   Den Rosenkohl aus dem Ofen nehmen, sobald er braun ist. Mit der Sauce beträufeln und gut vermischen, dann nochmals 2–4 Minuten im Ofen rösten. Aus dem Ofen nehmen, mit etwas Sesamsamen und Salzflocken bestreuen und sofort servieren.

Ein Traum aus Tausendundeine Nacht, den ich zum ersten Mal auf einer persischen Frühstückstafel entdeckt, probiert und seitdem nicht mehr missen möchte, findet sich hinter diesem Türchen. Als Erstes wird einem die Farbe ins Auge fallen. Wenn man dann fertig mit „Sich-wundern" ist und probiert hat, erschließen sich einem neue Geschmackswelten, die exotischer nicht sein könnten. Simsalabim ...

14

PERSISCHE KAROTTENMARMELADE

**FÜR 4–5 GLÄSER
(À 250 ML)**

1 kg Karotten

1 kg Zucker

4 Kardamomkapseln

1 TL Safran

1 EL Rosenwasser

1 EL Zitronensaft

1 Die Karotten schälen, fein reiben und in einen großen Topf geben. So viel Wasser dazugeben, dass die Karotten bedeckt sind, und alles bei mittlerer Hitze 40 Minuten kochen lassen.

2 Anschließend den Zucker und die Kardamomkapseln hinzufügen und alles umrühren, bis sich der Zucker komplett aufgelöst hat.

3 Nach weiteren 30 Minuten Kochzeit den Safran in einem Mörser zerstoßen, in 1 TL kaltem Wasser auflösen und ihn zu den Karotten geben. Alles für weitere 20 Minuten köcheln lassen, dann Rosenwasser und Zitronensaft zugeben und nochmals 10 Minuten kochen lassen.

4 Die Marmelade ist nun fertig, sie sollte dickflüssig sein. Über Nacht im Topf ohne Deckel bei Raumtemperatur stehen lassen. Am nächsten Morgen kann sie in sterile Gläser abgefüllt und anschließend kalt gestellt werden.

Im Dezember hat man gefühlt am wenigsten Zeit. Geschenke wollen besorgt werden, Festtage wollen geplant und Freunde getroffen werden. Zum Reisen hat da niemand Zeit. Dieses einfache Rezept aber nimmt einen mit in das Land der aufgehenden Sonne. In nur 15 Minuten ist es zubereitet und sorgt, vielleicht trotz der anfänglichen Skepsis, für echte Aha-Momente.

15

LACHS
mit Miso und Aprikosenkonfitüre

FÜR 2 PERSONEN

2 Lachsfilets (mit Haut)

150–200 g Jasminreis

2 EL weiße Miso-Paste

1 EL Aprikosenkonfitüre

1 Stück Ingwer

2 Köpfe Pak Choi

Salz

etwas Oliven- oder Sesamöl

etwas Schnittlauch

1 Frühlingszwiebel

2 Radieschen

1 Limette

1　Den Ofengrill auf 220 °C vorheizen.

2　Den Lachs trocken tupfen und auf ein mit Backpapier ausgelegtes Backblech mit der Hautseite nach unten legen.

3　Den Reis waschen und nach Packungsanweisung kochen.

4　Die Miso-Paste mit der Aprikosenkonfitüre verrühren, den Ingwer schälen und mit einer feinen Reibe in die Miso-Mischung geben. Die Masse durchrühren und mit einem Messer auf dem Lachs verteilen.

5　Sobald der Ofengrill heiß ist, den Lachs auf einer der oberen Schienen in den Ofen geben und im Auge behalten. Der Zucker in der Aprikosenkonfitüre karamellisiert schneller, als man denkt. Ist Ihr Grill zu kraftvoll und bräunt den Fisch zu schnell, dann einfach den Grill ausschalten und mit Ober- und Unterhitze weiterrösten. Maximal sollte der Lachs jedoch nicht länger als 9 Minuten gegrillt werden.

6　In der Zwischenzeit den Pak Choi säubern und vierteln. In einem Topf mit Dampfeinsatz für wenige Minuten garen, salzen und mit etwas Oliven- oder Sesamöl beträufeln.

7　In der Zwischenzeit sollte auch der Reis fertig sein. Den Schnittlauch und die Frühlingszwiebel fein hacken, die Radieschen in feine Scheiben schneiden oder auf einem Gemüsehobel hobeln. Alles über den gebratenen Lachs geben, eine aufgeschnittene Limette dazulegen und sich über diese komische, aber wirklich sehr schmackhafte Kombination freuen.

Varianten: Anstelle von Aprikosenkonfitüre funktioniert dieser Trick auch mit Orangen- oder Zitronenmarmelade – Experimente mit anderen Konfitüren gehen auf eigenes Risiko. Anstelle von Pak Choi kann man auch Wirsing, Mangold oder Spinat dünsten. Diese Gemüse passen auch zu Lachs und sind ebenso schnell fertig.

Die Inspiration für diesen Drink kommt aus Italien,
einem Klassiker aus Venedig, um genau zu sein.
Für einen winterlichen Drink habe ich ihn mit einer
heimischen Frucht kombiniert und ihm den
Alkohol entzogen. Niemand ist Ihnen aber böse,
wenn Sie ihn wieder dazugeben …

16

APFEL-ZIMT-BELLINI

FÜR 2 PERSONEN

*500 ml Apfelsaft
(naturtrüb)*

½ TL gemahlener Zimt

Eiswürfel

*2 Zimtstangen
(zum Garnieren)*

alkoholfreier Sekt

1 Den Apfelsaft mit Zimt in einem Topf für 10 Minuten einköcheln. Vollständig abkühlen lassen.

2 Kurz vor dem Servieren ein paar Eiswürfel in einen Cocktailshaker oder fest verschließbaren Behälter geben, den Apfel-Zimt-Sirup eingießen, gut verschließen und kräftig schütteln.

3 Über Sektgläsern bis zur Hälfte abseihen, eine Zimtstange in jedes Glas stellen und mit alkoholfreiem Sekt auffüllen.

Wer Quittengelee mag, wird diese außerge-
wöhnliche Süßigkeit lieben: Die kleinen orangenen
Wunder haben wir aus Süßkartoffeln gemacht.
Der Nachtisch entstammt ursprünglich den Koch-
töpfen Südamerikas, es gibt unter anderem Rezept-
variationen aus Argentinien, Paraguay oder
Brasilien. Er bereichert jede Käseplatte und ist, in
einem Gläschen verstaut, ein ideales Weihnachts-
geschenk für jede*n, der/die gerne schlemmt.

17

DULCE DE BATATA

FÜR 6 PERSONEN

400 g Süßkartoffeln

Salz

600 g Zucker

20 g Agar-Agar

1 TL Vanillepaste

1 Die Süßkartoffeln schälen, waschen und in grobe Würfel schneiden. In einem großen, hohen, hitzebeständigen Topf mit gesalzenem Wasser zum Kochen bringen und ca. 20 Minuten gar kochen. Anschließend abgießen und mit einem Kartoffelstampfer zu einem glatten Püree verarbeiten.

2 Püree zusammen mit 100 ml Wasser in den gleichen Topf zurückgeben und die Masse unter Rühren mit einem Holzlöffel zum Köcheln bringen. Dann den Zucker und Agar-Agar hinzugeben. Kräftig rühren, bis sich der Zucker aufgelöst hat. Die Konsistenz der Masse ist nun deutlich dünner. Jetzt die Hitzezufuhr des Herdes so einstellen, dass die Süßkartoffelmasse leise köchelt und sich dabei langsam reduziert (Vorsicht: Die dabei aufsteigenden Bläschen können platzen und sind sehr heiß), immer wieder umrühren, damit nichts anbrennt.

3 Nach ca. 30 Minuten sollte die Masse eine dickliche Konsistenz haben. Wie beim Kochen anderer Fruchtgelees kann man mit dem Löffeltest den Gelier-prozess feststellen. Dafür einen Löffel der Masse auf einen Teller geben, etwas verstreichen und abkühlen lassen. Ist die Portion nach ein paar Minuten fest, dann ist die Dulce de Batata fertig. Nun vom Herd nehmen und die Vanille einrühren.

4 Eine der gewünschten Menge angemessene Backform mit Backpapier aus-legen (ich habe eine 34 x 24 cm große Backform verwendet, andere Maße funktionieren aber auch – die Masse wird auch dünner oder dicker gegossen fest). Die Dulce de Batata heiß einfüllen, bei Bedarf mit einem Messer glatt streichen und vollständig abkühlen lassen. Danach die Form über Nacht in den Kühlschrank stellen.

5 Am nächsten Tag in Stücke schneiden, die in ein Vorratsglas passen. Dieses sollte abgekocht oder gründlich gereinigt sein. Dann mit der Dulce de Batata befüllen und gut verschließen. Die Dulce de Batata hält sich in sauberen Gefäßen im Kühlschrank mehrere Wochen und ist unter anderem ein idealer Begleiter für Käseplatten und Nüsse.

TIPP

Am besten mit Küchenutensilien arbeiten, die
keine Farbe annehmen.

Hier kommt ein kleines Wunderwerk. Dieses Rezept kann so viel – es ist saisonal, superschnell zubereitet, farbenfroh und zudem gesund. Ein Carpaccio, so viel sei verraten, das allerdings ohne Fleisch auskommt, aber nicht vegan ist. Ein ideales Lunchgericht oder eine Vorspeise, wenn in der Adventszeit Freunde vorbeikommen.

18

ROTE-BETE-ORANGEN-CARPACCIO mit Pistazien

FÜR 2 PERSONEN

*4 Knollen Rote Bete
(etwa 400 g; frisch
oder vakuumiert)*

2 Orangen

1 EL Olivenöl

Zitronensaft

Salz

Pfeffer

20 g Pistazienkerne

20 g Parmesan

Basilikum

½ Baguette

1 Wer seine Roten Beten frisch vom Markt gekauft hat, wickelt diese in Alufolie und backt sie bei 180 °C (Umluft) für ca. 40 Minuten oder bis sie weich geworden sind. Wer nicht so viel Zeit zur Verfügung hat, kauft bereits gegarte, vakuumierte Rote Beten.

2 Der nächste Schritt steht bei allen Zubereitungsmethoden an: Wer seine Hände liebt, zieht sich lebensmittelsichere Einmalhandschuhe an und bearbeitet die Rote Bete auf einem einfach zu waschenden Brett. Im Ideal-fall ist man im Besitz einer unglaublich scharfen, aber effektiven Mandoline, die man unter Einhaltung aller hierfür notwendigen Sicherheitsmaßnahmen zum dünnen Hobeln der Roten Bete nutzen kann. So bekommt man sicher-lich das schönste und einheitlich dünnste Ergebnis. Wer keine Mandoline hat, benötigt ein scharfes Messer und eine ruhige Hand – und schneidet so die Rote Bete in hauchdünne Scheiben.

3 Danach die Orangen schälen und ebenfalls in dünne Scheiben schneiden. Den dabei austretenden Saft auffangen und in eine Schüssel füllen. In dieselbe Schüssel gibt man nun das Olivenöl sowie nach Belieben etwas Zitronen-saft. Mit Salz und Pfeffer abschmecken.

4 Das Carpaccio anrichten und nach Gusto einfach die Scheiben der Roten Bete mit den Orangenscheiben auf einem großen Teller arrangieren. Das Dressing darüber verteilen.

5 Die Pistazienkerne kurz durchhacken, ebenfalls auf dem Carpaccio verteilen. Den Parmesan darüberhobeln oder -reiben und mit frischen Basilikum-blättern garnieren. Mit dem Baguette servieren.

Mit einer Handvoll Zutaten und nur einem Topf
kann man mit einem sehr winterlichen Gemüse
etwas Köstliches und Wärmendes für die kalten
Tage kochen. Und das Beste: Nach ein bisschen
Schnippeln kocht er allein vor sich hin und man
kann sich Wichtigerem zuwenden, wie zum
Beispiel Geschenke verpacken.

19

WIRSING-HACK-EINTOPF

FÜR 2 PERSONEN

1 EL Pflanzenöl

250 g Hackfleisch (alternativ ein veganes Hack)

1 große Karotte

6 mehlig kochende Kartoffeln

1 kleine Gemüsezwiebel

½ Kopf Wirsing

Salz

½ Gemüsebrühwürfel

1 Handvoll Petersilie

etwas Crème fraîche

Muskatnuss

Pfeffer

1   Einen großen, schweren Topf auf dem Herd bei mittlerer Hitz erhitzen und das Öl darin heiß werden lassen. Das Hackfleisch ca. 5 Minuten anbraten. In der Zwischenzeit die Karotte, die Kartoffeln und die Zwiebel schälen. Die Karotte und Kartoffeln in mundgerechte Stücke schneiden. Die Zwiebel fein hacken.

2   Den Wirsing in mundgerechte Stücke schneiden und gründlich waschen. Nun die Zwiebel in den Topf geben, umrühren und anschwitzen. Nach 2 Minuten kräftig salzen. Gemüsebrühe in 250 ml Wasser auflösen. Die Kartoffeln und Karotten in den Topf geben und für 1 Minute mit anschwitzen. Schließlich den Wirsing hinzugeben und alles mit der Gemüsebrühe auffüllen.

3   Kräftig durchrühren, um die Röstaromen vom Topfboden zu lösen. Alles zum Kochen bringen. Dann auf kleiner Flamme 30 Minuten köcheln lassen. Petersilie waschen, trocken schütteln und grob hacken. Vor dem Servieren 1 guten EL Crème fraîche in die Suppe einrühren. Mit frisch geriebener Muskatnuss, Salz und Pfeffer abschmecken.

Alkoholfreie Drinks sind in, nicht nur weil sie jede*r trinken kann. Ich finde auch, die Vorweihnachtszeit muss man sich nicht schöntrinken. Dieses Rezept sorgt dennoch für wohlige Wärme in einem winterlichen Getränk. Statt Alkohol bringen Gewürze das gewisse Etwas mit. Und man kann den Drink sogar warm oder kalt servieren. Oder in kleine Flaschen abfüllen und ihn an liebe Menschen verschenken.

ALKOHOLFREIER CIDER

FÜR 8 PERSONEN

6 Birnen

2 Orangen

2 Vanilleschoten

1 Stück Ingwer
   (etwa daumengroß)

100 g Zucker

4 Zimtstangen

6 Sternanis

4 Pimentkörner

400 ml Ginger Ale

1 Die Birnen waschen und halbieren. Die Orangen schälen und in Scheiben schneiden. Die Vanilleschoten der Länge nach aufschlitzen, das Mark herauskratzen, aber die verbliebenen Schalen behalten. Den Ingwer schälen.

2 Die Birnen, Orangenscheiben, den Ingwer, das Vanillemark und die Schoten zusammen mit dem Zucker, den Gewürzen, dem Ginger Ale und 2,5 l Wasser in einen großen Topf geben und zum Kochen bringen. Dann bei niedriger Hitze 1 Stunde köcheln lassen, ohne den Deckel aufzulegen. Anschließend für 2 weitere Stunden mit Deckel leicht köcheln lassen.

3 Schließlich die Zimtstangen herausnehmen, die Masse mit einem Kartoffelstampfer zerdrücken und durch ein Sieb in eine große Schüssel pressen. Den so erhaltenen Saft durch ein Käsetuch oder sauberes Küchentuch geben, um auch feine Teilchen auszusieben.

4 Das Ergebnis ist ein hoch konzentrierter Saft, der sich im Kühlschrank mindestens 1 Woche hält. Das Konzentrat kann kalt oder heiß verwendet werden. Kalt nimmt man etwa ein Drittel Saft (oder mehr nach Geschmack) auf zwei Teile Sprudelwasser oder Ginger Ale, zunächst auf Eis geben und dann aufgießen. Für die warme Variante Konzentrat mit etwas Wasser verdünnen und erhitzen.

TIPP

Wer einen Schnellkoch-
topf hat, der sollte hier von
ihm Gebrauch machen. Die Kochzeit reduziert sich so um mehr als
die Hälfte. Sobald der Druck im
Schnellkochtopf aufgebaut ist,
braucht es nur 20 Minuten, bis
alles gar ist. Dann über Nacht
alles stehen und abkühlen
lassen.

Soulfood kann so einfach sein. Die meisten von uns haben sie irgendwo im Vorratsschrank und wissen nicht mal, wie einfach und lecker es ist, diese simplen Zutaten zu verbinden. Daraus entsteht eine schnelle warme Mahlzeit, die gesund und bunt ist und zudem viele Nährstoffe dabei hat, die man gerade jetzt in der kalten Jahreszeit braucht.

WARMER LINSENSALAT

FÜR 2 PERSONEN

1 Pck. Rote Beten
  (vakuumiert)

1 rote Zwiebel

3 EL Olivenöl

Salz

Pfeffer

200 g Babyspinat

1 Dose Linsen

1 Birne

1 TL Ahornsirup

1 TL Essig

1 EL Zitronensaft

½ Feta (ca. 100 g)

1 Den Ofengrill auf 250 °C vorheizen.

2 Rote Bete und Zwiebel grob vierteln beziehungsweise achteln (je nachdem, wie groß) und alles in eine ofenfeste Form geben. 1 EL Olivenöl dazugeben, salzen, pfeffern und alles umrühren. Die Form auf einen Rost geben und im heißen Ofen (oben) rösten, nicht aus den Augen lassen.

3 Währenddessen den Spinat waschen, die Linsen in ein Sieb geben und abspülen. Die Birne waschen, entkernen und in mundgerechte Stücke schneiden. Eine große Pfanne erhitzen und 1 EL Olivenöl hineingeben. Die Birnenstücke darin anbraten, bis sie leicht bräunen, dann Ahornsirup dazugeben, schnell schwenken, dann aus der Pfanne nehmen.

4 Nun die Linsen in der Pfanne kurz schwenken und erwärmen, mit dem Essig abschmecken, aus der Pfanne nehmen. Zuletzt den Spinat in der heißen Pfanne zusammenfallen lassen, salzen und mit dem Zitronensaft und dem restlichen Olivenöl würzen.

5 Nun sollten auch die Zwiebeln und die Rote Bete ein paar knusprige Röststellen haben. Alles auf Tellern anrichten und mit Feta-Stücken bestreuen.

Varianten: Anstelle von Feta kann man auch Halloumi oder festen Tofu nehmen, beide sollten aber kurz vorher in der Pfanne angebraten werden. Statt Ahornsirup kann man auch Honig verwenden.

Der Star dieses herrlich cremigen Rezepts ist ein Gemüse, das lange Zeit in Vergessenheit geraten war. Und nun seit einigen Jahren zu Recht wieder auf unseren Tischen zu finden ist. Es wird besonders würzig, wenn man es mit ein paar weiteren simplen Zutaten zusammenbringt. Eine warme Mahlzeit, die wie eine Umarmung ist. Ideal für kalte und kurze Tage.

PASTINAKEN-SÜSSKARTOFFEL-SUPPE

FÜR 2 PERSONEN

300 g Pastinaken

500 g Süßkartoffeln

1 Schalotte

*1 Stück Ingwer
  (daumengroß)*

Olivenöl

Salz

600 ml Gemüsebrühe

2 Zweige Thymian

1 Scheibe Brot

2 EL Crème fraîche

Pfeffer

Muskatnuss

4 Stängel Schnittlauch

1 Pastinaken und Süßkartoffeln schälen. Wer die Suppe besonders hübsch dekorieren möchte, schnitzt nun von beidem mit einem Gemüseschäler ein paar Streifen ab und legt diese zunächst beiseite. Pastinaken und Kartoffeln in Würfel schneiden. Schalotte und Ingwer schälen, beides grob hacken.

2 Nun einen schweren Topf erhitzen, 1 EL Olivenöl darin heiß werden lassen und Schalotte und Ingwer darin auf mittlerer Flamme anschwitzen. Zunächst die Pastinake hinzugeben, ebenfalls anschwitzen, dann die Kartoffeln hinzugeben, etwas salzen. Alles etwa 5 Minuten unter Rühren anbraten. Mit der Brühe ablöschen, Thymianzweige hinzugeben, den Deckel auflegen und für ca. 20 Minuten köcheln lassen, bis das Gemüse weich gekocht ist.

3 In der Zwischenzeit die Scheibe Brot zerrupfen und in einer Pfanne mit 1 EL Olivenöl anbraten, bis die Croûtons knusprig sind. Beiseitestellen. In der heißen Pfanne nun rasch die Gemüsestreifen anbraten, bis sie goldbraun sind. Aus der Pfanne auf ein Küchentuch geben und dort leicht salzen.

4 Die Thymianzweige aus der Suppe fischen, danach die Suppe mit einem Pürierstab oder in einem Mixer fein pürieren. Zurück im Topf die Crème fraîche hinzugeben und alles verrühren. Mit Salz, Pfeffer und einem Hauch Muskatnuss abschmecken. Den Schnittlauch in feine Ringe schneiden. Die Suppe in tiefe Teller füllen und mit den Croûtons, den knusprigen Gemüsestreifen sowie dem Schnittlauch servieren.

Was lange währt, wird endlich gut. Manchmal sind die Zeit und eine sehr niedrige Temperatur die eigentlichen Köche, um etwas ganz Besonderes herzustellen. Zum Beispiel Butter aus einer Frucht. Die schmeckt hervorragend auf einem Brot, aber auch als kleiner Klecks auf einem Stück Käse oder im Kuchen. Welche Frucht das wohl kann?

23

APFELBUTTER

ERGIBT 2 MARMELADEN-GLÄSER

3 kg Äpfel

1 EL gemahlener Zimt

1 TL gemahlener Kardamom

1 TL gemahler Ingwer

1 Prise Salz

1 EL Vanilleextrakt

Zucker (nach Belieben und Geschmack)

1 Die Äpfel schälen, entkernen und in grobe Stücke schneiden. Wer einen Schongarer hat, wird ihn hier perfekt einsetzen können. Alle anderen nehmen einen großen Topf, geben die Äpfel hinein und stellen ihn auf der kleinsten Platte oder Flamme des Herdes an. Die Gewürze und 3 EL Wasser hinzugeben. Alles gut verrühren, den Deckel auflegen und für 3 Minuten heiß werden lassen.

2 Sobald sich genügend Hitze entwickelt hat, zerfallen die Äpfel und geben Saft ab. Nun die Hitze auf die kleinste Stufe stellen. Etwa alle 20–30 Minuten prüfen, ob nichts ansetzt. Immer wieder umrühren, gegebenenfalls 1 EL Wasser hinzugeben.

3 Nach etwa 6–7 Stunden sollte die Apfelbutter dick und dunkelbraun sein. Wer besonders süße Äpfel genommen hat, wird keinen weiteren Zucker benötigen. Wer nicht das Glück hatte, fügt nun etwas Zucker hinzu. Jetzt gibt man portionsweise alles in einen Mixer, um die Butter glatt zu pürieren.

4 Butter in kleine abgekochte Gläser füllen. Die Apfelbutter hält sich so verschlossen bis zu 2 Wochen im Kühlschrank – oder man friert sie portionsweise ein, dann hält sie 3 Monate.

Etwas Warmes braucht der Mensch. Und etwas Kräftiges. Dieses herrlich cremige Gericht bringt einen extra Frische-Kick mit, der harmonisch die Süße der anderen Zutaten ausbalanciert und zudem wichtige Vitamine liefert. Darum esse ich diese geniale Suppe nicht nur, wenn ich krank bin, sondern auch bei bester Gesundheit.